Schade - das ist am Strand verboten!

Kevin hat mit Abstand den gruseligsten Drachen.

Was sollte noch mit auf die Reise?

Endlich entdeckte Liam, warum die Mitreisenden im Shuttlebus
während der ganzen Fahrt die Nase gerümpft hatten.

Was Dieter da macht, ist der Wahnsinn.

Ob ein 5er-Holz dafür reicht?

Von Kindern eingebuddelt werden ist das eine.
Aber was soll man denken, wenn sich alle ein Eis holen
und nach drei Stunden immer noch nicht zurück sind?

Schatz, das will nur spielen!

Wenn der Schnee mal nicht für drei Kugeln reicht, muss man eben improvisieren.

Was hat der Pfadfinder mitgebracht?

Schon bald hatte sich die gesamte Unterwasserwelt des Bagger-
sees unter der „Wolke" versammelt, die sich angeblich vor die
Sonne geschoben hatte.

Welche Blumen gießt Ruben?

Gut gelaunte Touristen - das wusste der einheimische
Fremdcnführer - machen fast jeden Jux mit.

Da war es wieder: Man kommt aus dem Urlaub - Zoll - alle gucken - und dann geht der Koffer mit den „Andenken" auf!

Damit würde François die verdammten Boules schon wegkicken.

Man muss sich als Kletterer ja nicht auf Kletterwände
beschränken.

Die Verkleidung seiner Draisine war sein ganzer Stolz.

Das laut Speisekarte als „Überraschung am Spieß" deklarierte
Gericht war für ihn Grund genug, unverzüglich das Ordnungsamt
hinzuzuziehen.

Da hat der Schutzengel sichtlich Mühe mitzukommen.

Das Ehepaar Knechtstedten wehrte sich tagsüber nicht gegen die Verunglimpfungen der Leute, die ihnen wegen ihrer vampirhaften Erscheinung entgegenschlug.

Immerhin konnte Mikele seinen Kunden mit der Bemerkung beruhigen: „Das trägt man aber heute so!"

Immer wieder ging ihm dieses Lied durch den Kopf:
„... die-Geda-anken-sind-heiß ...“

Nach einer eigenen Wohnung - das war beschlossen - würde er
erst suchen, wenn er mit dem Einverständnis seiner Eltern
rechnen konnte.

Konkurrenzkampf im Sandkasten.

Das Traumziel jedes Individualtouristen.

In Balkonien erlebt man die tollsten Sachen!

Immerhin war das der einzige Spielkamerad, den Heinrich

auftreiben konnte.

Wem bringt Samir die Flötentöne bei?

Was ist denn das für ein sch... äh ... Eis?

Wer liest, weiß vorher Bescheid.

Overdressed.

In welches Horn bläst der Gustl?

Mal mal.

Urlaubserinnerung.

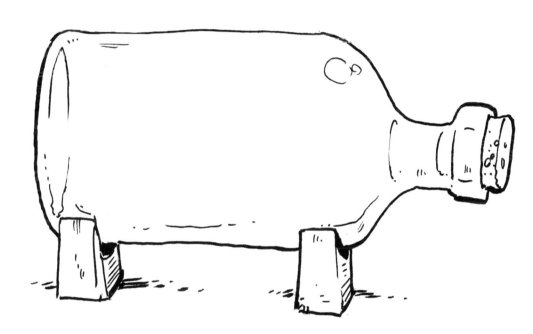

Puuhhhh ....

Singha versucht, ins Guinnessbuch der Rekorde zu kommen.

Was steht auf dem Regal in der Abstellkammer?

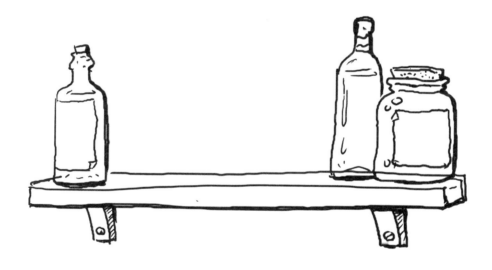

Wo steht das Blümchen?

Heute in der Zeitung:

Wer schaut aus dem Fenster und warum?

Dein Kunstwerk.

Wer fliegt im UFO?

Wer wohnt hier?

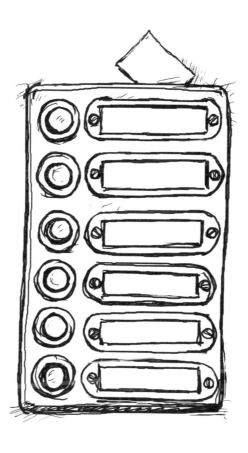

Welches Gerät steckt an der Steckdose?

Wer soll Bart und Brille bekommen?

Gib dem Toilettenpapier ein schönes Muster.

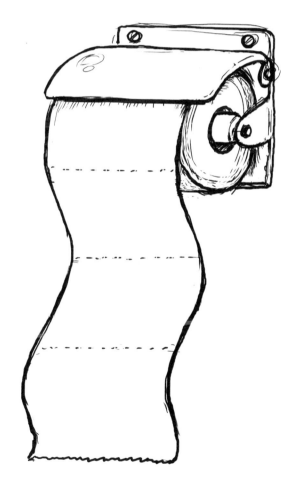

Dem Kaktus fehlen die Stacheln.

Oma Lisbeth strickt an etwas ganz Großem.

Europa ... - da fehlt doch ein Land.

Fülle die Piraten-Schatzkiste.

Kreiere einen großen Eisbecher. (Schirmchen nicht vergessen.)

Ist das ein Wohnwagen oder ... ?

Wer ist der Wikinger?

Mach dir einen dicken Hamburger. Guten Hunger!

Nur ein Apfel am kahlen Baum?

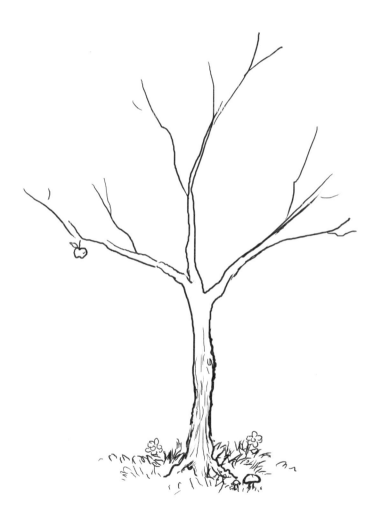

Welches Monster schaut noch über den Zaun?

Picknick.

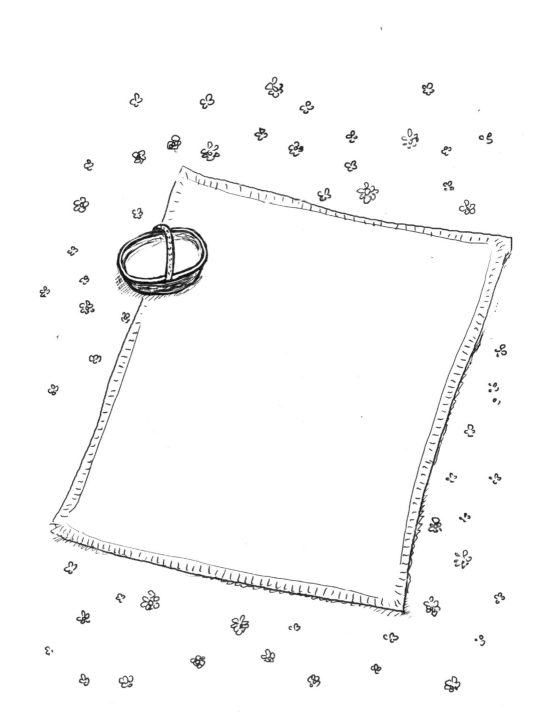

Wer sitzt in der Badewanne, und wo ist der Schaum?

Was wird heute im Puppentheater gespielt?

Da ist mindestens ein Monster unter dem Bett.

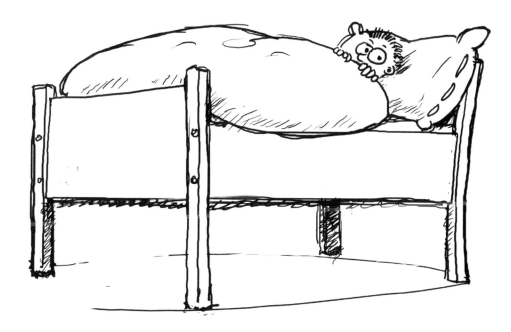

Was gibt es im Iglu?

Eine Wache der Queen ohne Mütze.

Male einen Drachen auf den chinesischen Fächer.

Der Schotte braucht noch seinen Rock.

Kalle das Walross vermisst seine Zähne.

Wo landet der Hubschrauber?

Wo kräht der Hahn?

Welches Muster hat dein Lieblingsbikini?

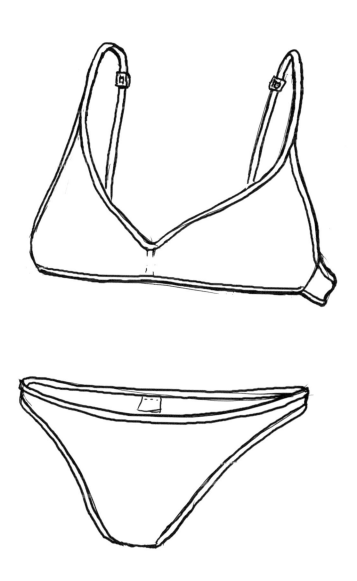

Zeichne Claras Spiegelbild.

Wie sieht die Achterbahn aus?

Mit welcher Fluggesellschaft fliegst du?

Wer hört hier Musik?

Wem gehört der Rüssel?

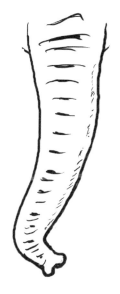

Wer sitzt im Käfig?

Wo steht die Palme?

Nur ein Haar? - Wie traurig. Kannst du helfen?

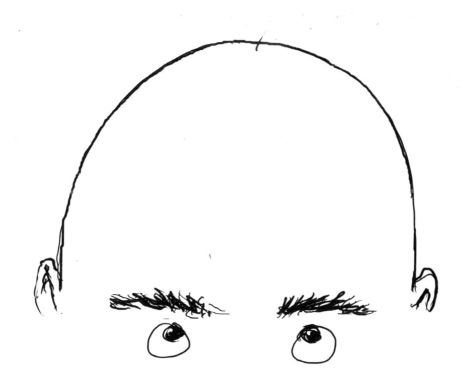

Was gibt es im Flugzeug zu essen?

Tiger oder Leopard? - Du entscheidest.

Welche Fahne möchtest du wehen sehen?

Gitarre oder Tennisschläger? - Und wer spielt noch mit?

Welche Briefmarken werden hier verschickt?

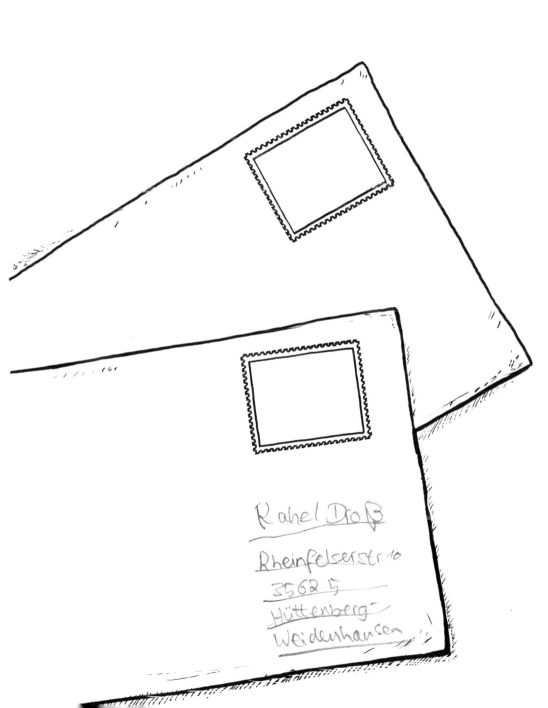

Welcher Berg wird hier bestiegen?

Die Wanderer sind müde. Kannst du ihnen ein Zelt aufstellen?

Was befindet sich im Aktenkoffer des Diplomaten?

Im Koffershop. Wie sieht dein Wunschkoffer aus?

Urlaub im Weltraum. Was gibt es zu sehen?

Als die Camper gestern angekommen waren, hatten sie gar nicht
bemerkt, dass dies kein geeigneter Standplatz ist ...

Ein bisschen Wasser kann nie schaden.

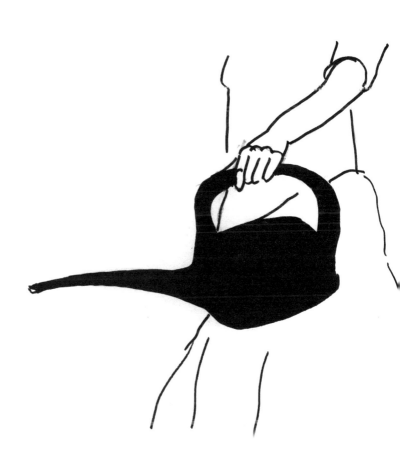

Off-Road macht Spaß!

„Schatz - haben wir alles eingepackt?!"

Die schönsten Plätze der ganzen Ferienanlage ...

Warum wird es Nacht, Señorita?

Hut ab, ist das ein Schneemann!

Gestalte deinen eigenen Schanzentisch.

Ob der Stier lesen kann?

Was gucken die Fluggäste alle so?!

Die Gerichte, mit denen die Gäste des Touristenschiffs begrüßt wurden, galten unter den Insulanern als Delikatesse.

Der große Zappalino hätte den Teller-Trick öfter üben sollen.

Wen hast du nun wieder auf die Palme gebracht?

Nach sechs Stunden Flugzeit begannen die Cumuluswolken
seltsame Formen anzunehmen.

Das Logo der Fluggesellschaft hatte ihn schon bei der Buchung beunruhigt.

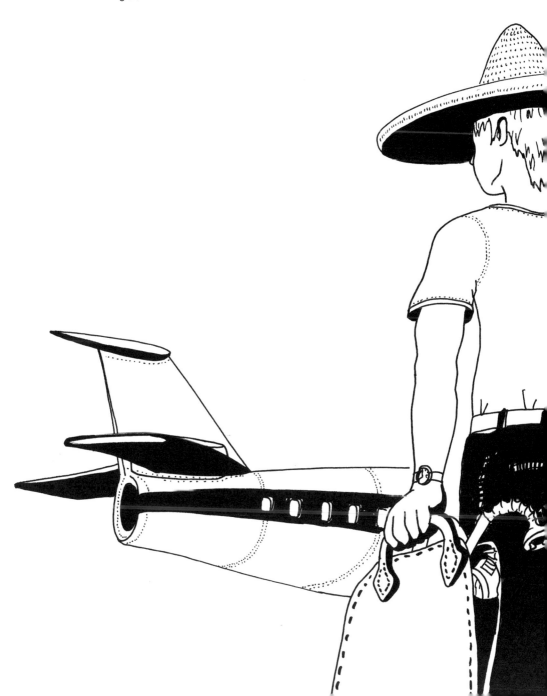

Lass Blumen sprechen.

Dein größter Traum.

Alien, männlich, sucht süße Sie, gerne auch von der Venus.
Zuschriften nur mit Bild.

Nur Mut zur Farbe. Mal mal.

Welches Topmodel posiert hier vor der Kamera?

Fette Beute - denkt sich der Krebs und freut sich auf die
vollen Taschen. Was wird wohl alles an Land gespült?

Vorsicht, bissig!

Sir, es ist angerichtet!

Alle Neune sind beunruhigt.

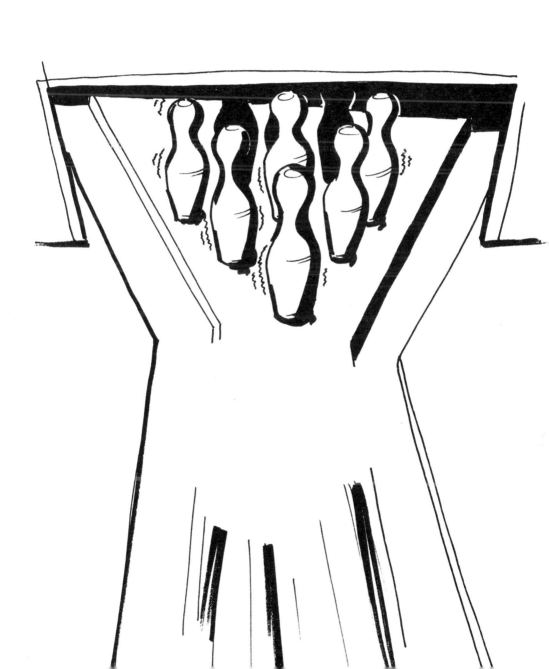

Frau Nietmeyer war schon um 14.20 Uhr an der Hotelbar und aufs Äußerste gespannt, wer neben ihr Platz nehmen würde.

Was gehört noch zu einer anständigen Piraten-Ausrüstung?

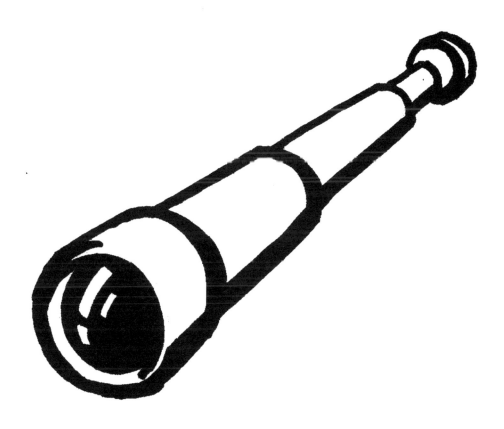

Erfinde deinen Traumpartner für deinen Strandurlaub am Meer.

Erfinde deinen Traumpartner für deinen Strandurlaub am
Baggersee.

Erfinde deine Spezial-Cocktails.

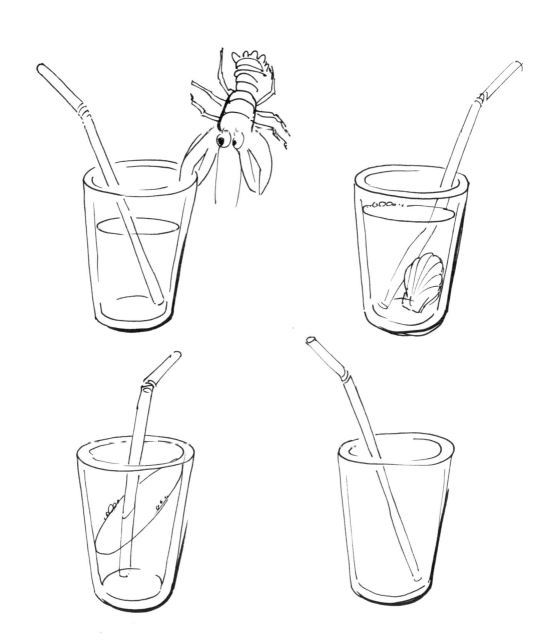

Rührend, was der Reiseveranstalter sich für deinen Geburtstag hat einfallen lassen.

Welches königliche Getränk würdest du gerne mal auf den Markt bringen?

Wer lässt hier was fliegen?

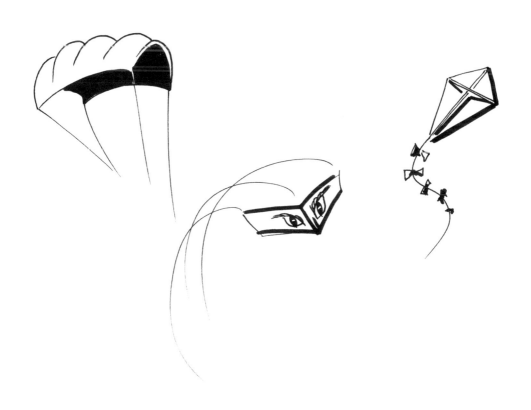

Wer hätte gedacht, was alles an einem Ballon hängen kann?

Es war wie ein Märchen aus Tausendundeiner Nacht - nur,
dass dort ein Dschinn immer als etwas Ehrfurcht gebietendes
beschrieben wurde.

Ich sehe was, was du nicht siehst, Roger!

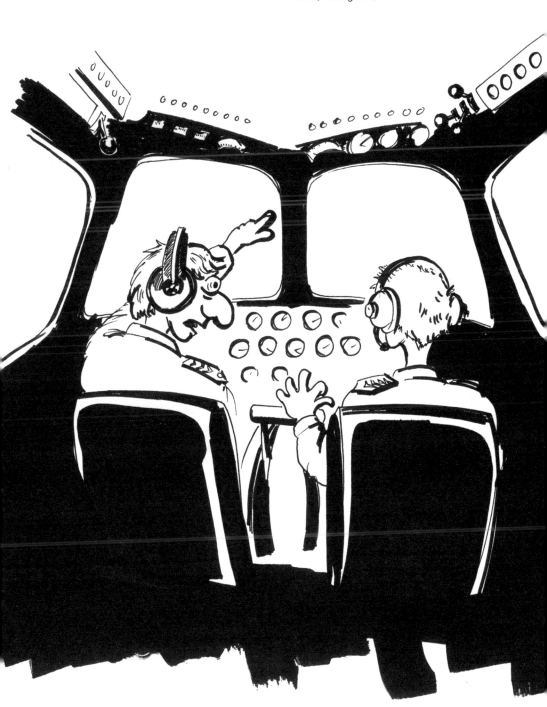

Wen schickt der Trainer auf den Platz?

Kennst du den Kassierer nicht irgendwoher ...?!

Wer jongliert?

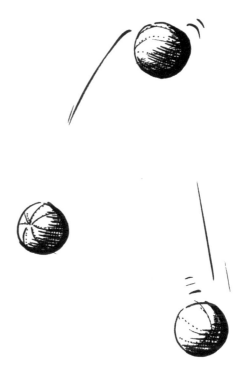

Die Würfel sind gefallen. Mal dir dein Wunschergebnis.

Mal dir dein Traumblatt!

Wolkenkratzer können auch mal ganz anders aussehen.

Die Tanzbewegungen von Ursula sind so ungewöhnlich, dass die
Umstehenden manchmal nicht wissen, ob sie lachen oder weinen
sollen.

Hier braut sich was zusammen.

Früher war mehr Lametta.

Willst du mein Prinz sein? Dann zeig' dich mir!

Boah. Cool.

Baust du mit mir eine Sandburg?

Paul pustet und pustet – das Ding wird größer und größer...

Was schlürft die flotte Charlotte?

Unbekanntes Flugobjekt gesichtet.

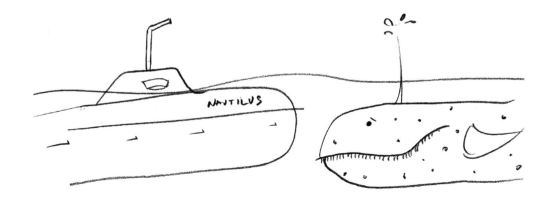

Hilfst du Lars beim Zelt aufbauen?

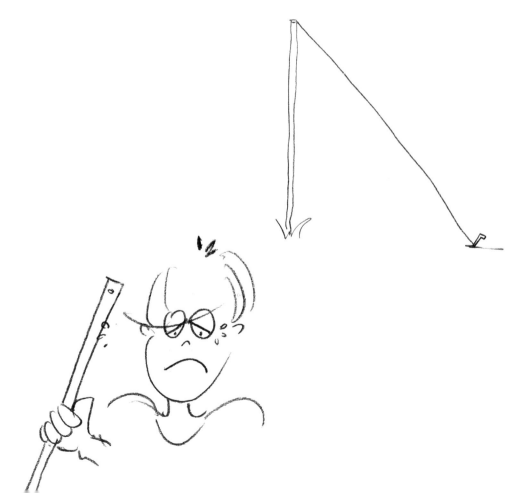

Ballermann - all inclusive. Manni hat sich für ein Ganz-
körpertattoo entschieden.

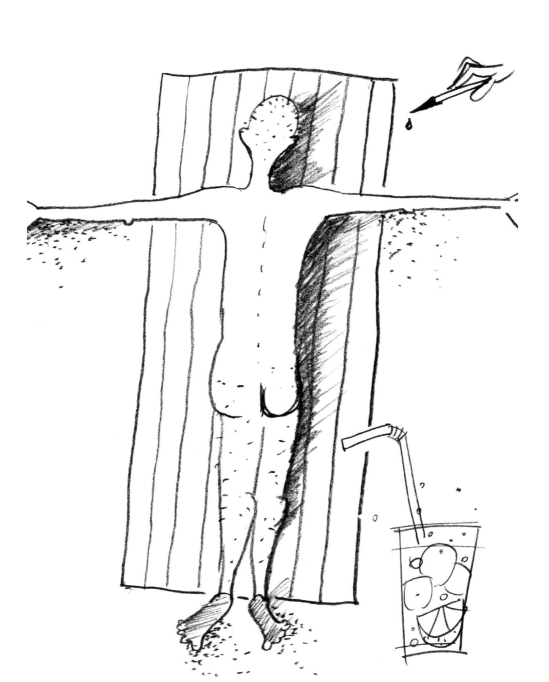

Land in Sicht!

Wer wirft diesen Schatten?

Besprüh' die ganze Wand!

Jack in the box.

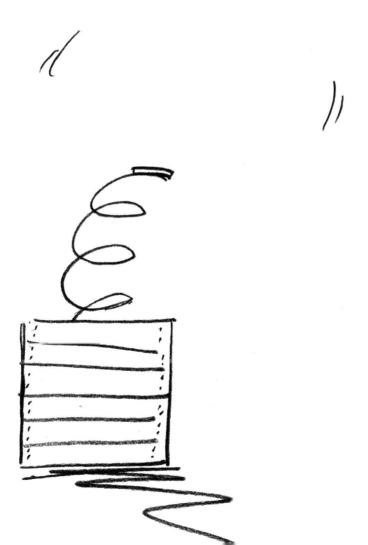

Mix dir deinen Lieblingscocktail!

Endlich hat Ehepaar König die passende Stehlampe zum Sofa gefunden.

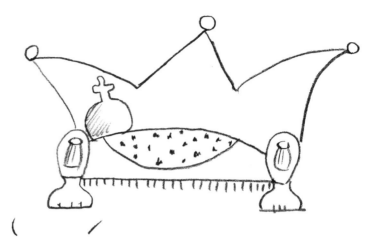

Rapunzel, lass dein Haar herunter.

Was passiert hinter der verschlossenen Tür?

Familie Flizenpieper hat sich für ein apartes Tapetenmuster
entschieden.

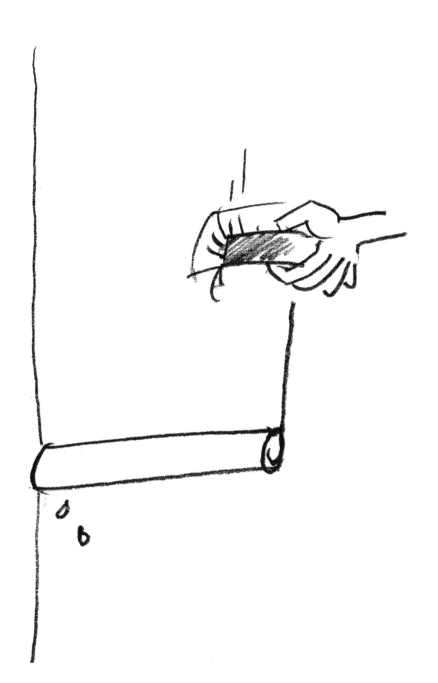

Hübsches Kind – aber diese unmögliche Frisur...

Tante Waltraud trägt unter der Dusche immer eine Duschhaube.

Was landet noch alles auf der Rückseite des Mondes?

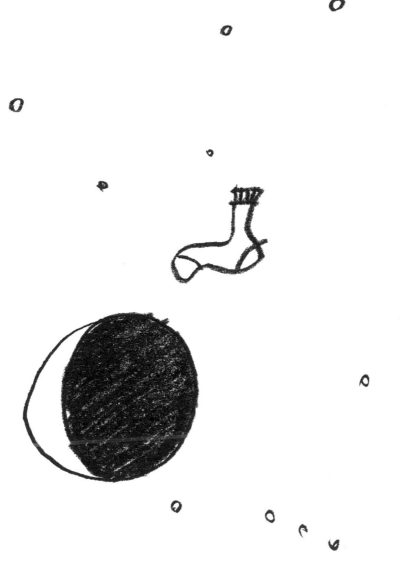

Ein bisschen überladen, das Beistelltischchen.

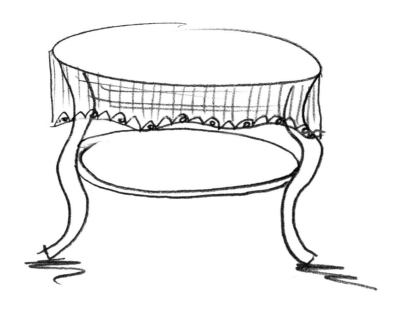

Von so einer langen Rutsche hat Rudi immer geträumt.

Irgendwo in Vietnam - mitten auf dem Reisfeld. Du suchst ein Zimmer mit Dusche, du hast Hunger und du brauchst dringend eine Salbe gegen Moskitostiche. Versuche es in Bildsprache.

Wie lang ist eigentlich der Bart des Propheten?

Interessant, was alles als Gepäck aufgegeben wird.

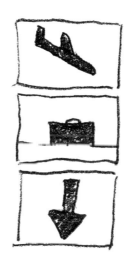

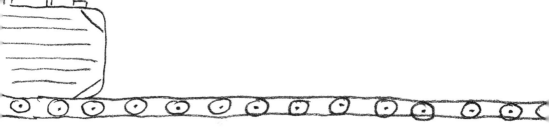

Dein Urlaubsgruß aus der Südsee.

Wer versucht, ans Möhrchen zu kommen?

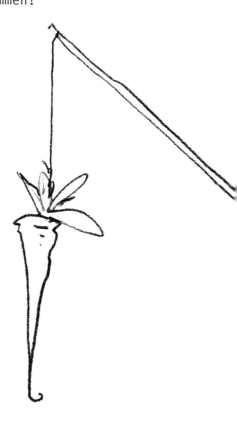

Lieber ein(e)... auf der Hand als einen Elefanten auf dem Dach.

Nun sind sie da, die Geister, die ich rief.

Fährtenleser gesucht - wer war hier unterwegs?

Was steht noch alles in Schrebers Vorgarten?

Welches Bild sendest du heute?

Diamonds are a girl's best friend.

Vollende Arcimboldos Meisterwerk.

Wie würde dein Familienwappen aussehen?

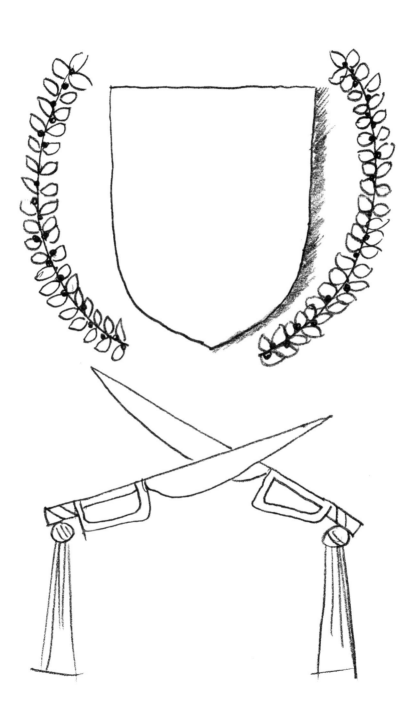

Offensichtlich hat Herr Krause das Motto der Kostümparty falsch verstanden. Aber seine Kopfbedeckung ist dennoch sehr originell.

Der Heimwerker denkt: Irgendwie sieht das Regal nicht aus wie
auf der Anleitung.

Steckdose oder Schwein? Du entscheidest.

Was liegt dem Hai so schwer im Magen?

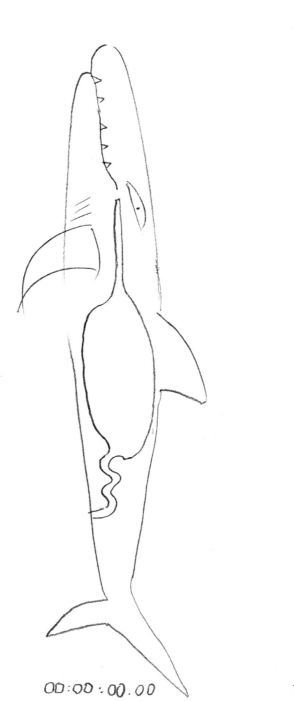

X-RAY

00:00:00.00

Bändige oder zähme Strubbel-Lieschens Löwenmähne.

Grillsaison - was wird bei euch angerichtet?

Das 11. Gebot.

Links: Grippevirus. Rechts: Computervirus.

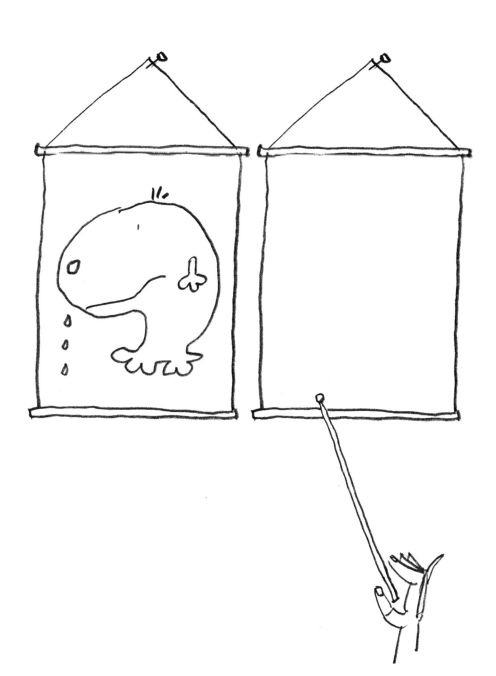

Der Laus auf der Spur. Wie sieht sie wohl aus der Nähe aus?

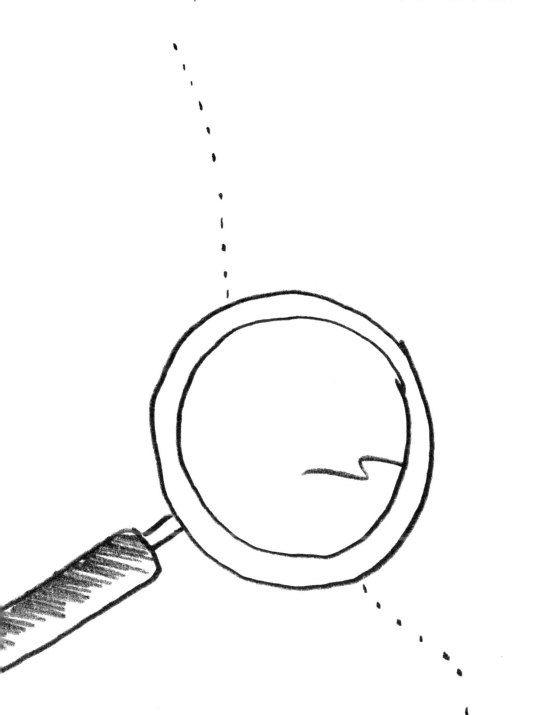

Wie sieht die Fahne von Fantasialand aus?

Sieben auf einen Streich.

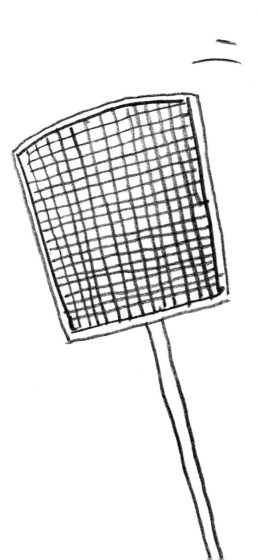

Vervollständige das Gänseblümchen. Aber achte darauf, dass das letzte Blütenblatt mit „Er liebt mich!" aufhört.

Dreh' dich nicht um, der Plumpsack geht um.

Zwergenaufstand in der Kita. Male die Botschaft der kleinen Strolche.

Falte aus dem Papierbogen ein Schiffchen und male es
anschließend bunt an.

Mit dem richtigen Schlitten kommt man an.

Das ist doch ein Motiv!

Eigentlich war Bergmeier zu alt für diese Spielchen.

Eher ein Iiiggit - als ein XXXL-Burger.

Das hatte Aurelia nicht kommen sehen ...

Lillis wundervolle Seifenblasen.

Onkel Alfred hat einen fantastischen Ballon.

Und Fledermäuse verdunkeln den Mond.

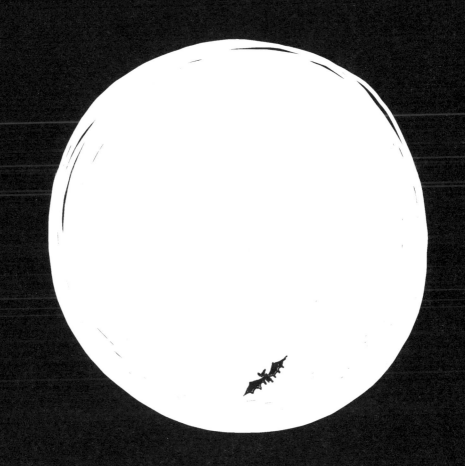

Cheng hat sich zum diesjährigen Lampionfest etwas Besonderes ausgedacht.

Auf welcher Insel ist Kurt gestrandet?

In welchen Schwanz beißt sich die Katze?

Herr G., ein linientreues Subjekt der modernen Kunst,
trifft einen alten Bekannten wieder.

Die Urlaubstage geben Herrn Schnecker endlich wieder
Gelegenheit, Stöckchen zu werfen - wem eigentlich?

Das Eckhaus an der Strandpromenade macht Werbung in großem Stil.

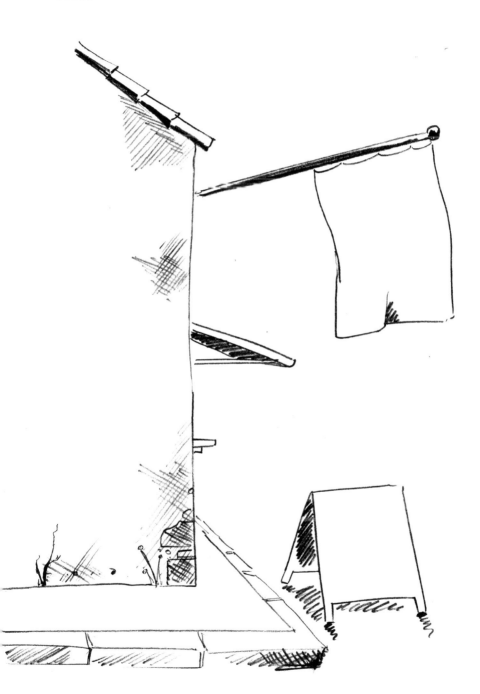

Kubanische Schuhmode.

Wo macht der denn hin?

Wer hat sich den besten Platz am Strand gesichert?

Bring das Schiff in die Buddel!

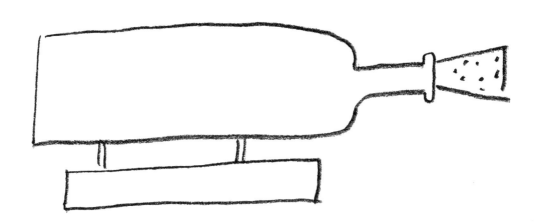

© Naumann & Göbel Verlagsgesellschaft mbH, Köln
Alle Rechte vorbehalten
Autoren: Andrea Egler, Andrea Kuckelkorn, Volker Schächtele, Stefan Wetzel, Lutz Winter
Projektleitung, Umschlaggestaltung, Layout: dyadesign, Düsseldorf
Gesamtherstellung: Naumann & Göbel Verlagsgesellschaft mbH
ISBN 978-3-625-12739-0
www.naumann-goebel.de